SILVIO PELLICO

FRANCESCA DA RIMINI

A cura di Cristina Contilli

Lulu.com

3101 Hillsborough Street

Raleigh, NC 27607

USA

Printed in 2013.

IL TESTO RIPRODUCE
L'EDIZIONE BAUDRY DEL 1840

CON UN'INTRODUZIONE SULLE
MODALITA' DI COMPOSIZIONE
DELLA TRAGEDIA

INTRODUZIONE LETTERARIA

La tragedia di Pellico inserisce rispetto al testo dantesco un elemento nuovo ed originale: Francesca è convinta di odiare Paolo che in guerra ha ucciso suo fratello, ma, quando lo rivede, dopo diversi anni di lontananza, scopre di amarlo. Nella realtà storica Francesca aveva, invece, conosciuto Paolo prima di incontrare Gianciotto, perché Paolo era stato inviato dal fratello per sposare Francesca per procura. Paolo era un bel giovane a differenza del fratello Gianciotto che era zoppo. L'elemento della bruttezza di Gianciotto non viene mai ricordato però nella tragedia di Pellico.

Lo stesso amore di Francesca sembra nascere in modo molto rapido e non sufficientemente motivato perché l'autore, pur anticipando nella tematica medievale il teatro romantico, mantiene le tre unità classiche di tempo, luogo e azione.

La tragedia di Pellico è dunque innovativa per l'argomento trattato e per il tipo di sentimento che unisce i due protagonisti (un amore colpevole, ma delicato e che li condanna, ma li nobilita nello stesso tempo), mentre l'impianto del testo mantiene una struttura tradizionale.

INTRODUZIONE STORICA

Cercando di rintracciare tutte le edizioni dell'epistolario di Silvio Pellico, comprese le pubblicazioni d'occasione e gli atti dei convegni, mi passò sotto mano, all'epoca del dottorato, un bigliettino privo di data, inviato dal Pellico ad una misteriosa Emilia, misteriosa perché non citata in nessuna biografia dello scrittore e neppure identificata da colui che aveva rintracciato e pubblicato l'autografo.[1]

Proseguendo nel lavoro di ricerca su Pellico, i suoi amici e i suoi amori, non avevo trovato altre tracce della misteriosa Emilia a cui il Pellico dichiara di essere più fedele come amico di quanto lo sarebbe stato se ne fosse stato l'amante, ma la curiosità restava e credo di essere finalmente riuscita a ipotizzare un'identificazione realistica di questa donna sfuggente.

[1] M. BRIGNOLI, *Lettere inedite di Silvio Pellico in Saluzzo e Silvio Pellico nel 150. de "Le mie prigioni"*. Atti del Convegno di studio: Saluzzo, 30 ottobre 1983, a cura di A. Mola, Torino, Centro di studi piemontesi, 1984, pp. 43-73. (Contiene ventuno lettere indirizzate a Giuseppina Pellico, sorella di Silvio, scritte tra il 1844 e il 1853; nove lettere indirizzate a Giulio Caponago, scritte tra il 1836 e il 1851; una lettera indirizzata al conte E. De Seguins-Vassieux, data 19 settembre 1832; una lettera indirizzata al critico letterario dell'Antologia Giuseppe Montani, data 19 febbraio 1833; una lettera indirizzata al conte torinese Cesare Balbo, data 8 giugno 1833; una lettera indirizzata al padre domenicano Raimondo Feraudi, priva di data; una lettera indirizzata a mons. Filippo Artico, vescovo di Asti, data 14 agosto 1843; una lettera indirizzata al conte Vincenzo Piccolomini, data 20 dicembre 1844; una lettera indirizzata a J. A. Martigny, data 25 giugno 1845; una lettera indirizzata a Roberto Parenti, console del Re a Livorno, data 1° gennaio 1848; una lettera indirizzata ad Emilia, priva di data).

Nell'edizione digitale dell'epistolario del Foscolo[2] ho trovato citata più volte, infatti, Emilia Vignali Briche, madre di Odoardo Briche, il bambino di cui Pellico è stato precettore tra il 1812 e il 1816, prima di entrare a lavorare in casa del conte Luigi Porro.

Foscolo nel suo epistolario definisce scherzosamente il marito di Emilia "un orso"[3] e Pellico nelle lettere al fratello ci informa

---

[2]http://www.bibliotecaitaliana.it/xtf/view?docId=bibit001295/bibit001295.xml&chunk.id=d112e426&toc.depth=1&toc.id=&brand=default&query=emilia#3

In particolare mi sembra interessante questa lettera che riporto quasi integralmente:

"*A ODOARDO BRICHE e a SILVIO PELLICO –*
Milano. [Venezia] 25 Gennaio 1812.
Odoardo mio, e tu Pellico amicissimo – Siate benedetti da me, e ricompensati dal cielo per l'amore che mi portate, e per la consolazione che mi avete mandata co' vostri caratteri. Sappiate ch'io vi scrivo da letto dove un raffreddore mi tiene da tre giorni e tre notti, e ne' primi due giorni ebbi la febbre; ora ho soltanto la tosse. Vorrei pure scrivere alla gentile, ed amorosa, ed affettuosissima Emilia: so ch'ella è d'inferma salute e d'animo poco lieto. Le parti son pari, e noi siamo due poveri e sensibilissimi disgraziati, ma mentr'ella mi ha dato tanto sollievo con la sua lettera, io se pigliassi la penna per lei, non saprei scriverle che tristissime geremiate; ed accrescere co' miei i suoi guai. Davvero io vivo in mezzo a' guai, ed afflitto sempre, e talvolta infastidito, ed imparo, ciò che non aveva imparato mai, la cabala de' forensi. Ma cos'è la teoria, Emilia mia dolce, senza la pratica? ed io non sono nato che a teorizzare su l'umane perfidie, e a tollerarle sovente con mio danno, senza poterle praticar mai per utile mio."
[3] "*Se l'**Emilia e l'orso domestico di suo marito** te lo lasciassero potresti condurre teco Odoardo. Oh facesse il cielo! mi pare ch'io guarirei. Vieni e conducilo per carità; ma se non puoi condurlo, vieni tu: tra tutti e due il viaggio e il ritorno e ogni cosa vi costerebbe dieci luigi: tu solo spenderesti meno: vieni*

5

anche del fatto che era tirchio visto che lo pagava solo 50 lire al mese e non sempre gliele pagava regolarmente, tanto da spingere Pellico a cercare lavoro presso una famiglia nobile più generosa, nonostante il suo grande affetto per Odoardo che in una lettera sempre al fratello Luigi definirà "il mio unico vero amico dei primi anni milanesi."[4]

Proprio mentre lavorava in casa Briche, Pellico scrisse alcune tragedie, due rimaste inedite e pubblicate dopo la sua morte erano di argomento classico e si intitolavano "Turno" e "Laodamia",[5] ma una che fu poi più volte corretta e finalmente nel 1815 rappresentata era la tragedia più famosa e apprezzata del Pellico, la "Francesca da Rimini".

All'epoca il modello tragico era Vittorio Alfieri con i suoi testi di argomento biblico oppure classico, eppure Pellico, nonostante la sua passione per Alfieri, sceglie un'ambientazione medievale per la sua tragedia, anticipando il gusto romantico e andando contro i consigli del Foscolo a

---

dunque: – consegna l'annesso biglietto a Briche; forse si risolverà. – Tu vedi d'indurre la Madre; parmi che meco quel ragazzo profitterebbe; ed io starei molto meglio. Ma mi duole di te che lo perderesti. – Ah! perch'io non sono men povero! – Ad ogni modo rispondi; e vieni almen tu. – Allora ti condurrò a vedere i manoscritti e la libreria dell'Alfieri. La Contessa ha pigliato a volermi assai bene: abita poco lontana da me; va anch'ella a letto alle 10; onde la sera vo a ciarlare tra que' pochi che frequentano la sua casa." (Lettera di Ugo Foscolo a Silvio Pellico del 4 ottobre 1812, la contessa di cui Foscolo frequentava a Firenze il salotto era la contessa D'Albany)

[4] S. PELLICO, *Lettere milanesi (1815-1821)*, a cura di M. Scotti, Torino, Loescher - Chiantore, 1963.

[5] I. RINIERI, *Della vita e delle opere di Silvio Pellico : da lettere e documenti inediti*, Torino, Libreria di Renzo Streglio,1898-1899, 3 voll. Il terzo volume contiene tre tragedie inedite del Pellico, due risalenti al periodo 1813-1814, il "Turno" e la "Loadamia" e una, il "Boezio", composta nel 1831.

cui infatti la "Francesca" non piacque, mentre aveva apprezzato la "Laodamia".

La mia ipotesi è, dunque, che Pellico abbia tirato fuori un argomento medievale, lontano dal gusto letterario in voga nel 1813 (la polemica classico /romantica è del 1816, perciò, è come se Pellico fosse tre anni in anticipo con la sua tragedia) per ragioni non stilistiche, ma personali ossia il suo amore infelice per Emilia Vignali Briche.

Sembra strano, infatti, che ad ispirare il personaggio di una donna sposata che si accorge di amare un uomo diverso dal marito possa essere stata, come racconta il primo biografo di Pellico, lo scrittore torinese Giorgio Briano, il primo amore del Pellico, quella Carlottina, morta a soli 15 anni di cui parla anche Maroncelli nelle *Addizioni a Le mie prigioni*.[6]

Nella tragedia di Pellico a morire saranno i due amanti, nonostante tra loro non ci sia stato nient'altro che un bacio. A morire <u>nella realtà storica</u> sarà, invece, Odoardo che si

---

[6] P. MARONCELLI, *Addizioni alle mie prigioni di Silvio Pellico*, in S. PELLICO, *Le mie prigioni*, Milano, Rizzoli, 1987, pp. 27-28: "*Tra i fanciulli e le fanciulle che recitavano con lui, ei scoprì un core verso cui si sentia attratto con più veemenza; amò una Carlottina che di là a poco morì: avea quattordici anni.*"
G. BRIANO, *Silvio Pellico*, Torino, Unione Tipografico-editrice, 1861, pp. 12-13. Sono andata a rileggere il passo della biografia di Briano e ho notato che nonostante nella cantica *Le passioni* Pellico parli solo di due donne del suo passato e per di più di un passato lontano perché all'epoca in cui è stata composta questa cantica intorno al 1835-1836 erano già morte entrambe Briano che conosceva anche un'altra storia del Pellico scrive nel suo libro che Pellico ha ricordato in questo componimento le tre donne della sua vita. La terza è a mio parere l'attrice Gegia Marchionni che viveva a Torino e che si sapeva essere stato un amore del Pellico prima del suo arresto, dato che la vicenda era stata raccontata nel 1859 in uno dei volumi del libro *Ai miei tempi* di Angelo Brofferio.

suiciderà nell'ottobre del 1818 a soli sedici anni, probabilmente a causa di contrasti col padre e il fratello, ma anche suggestionato dalla lettura delle *Ultime lettere di Jacopo Ortis* del Foscolo che lo stesso Pellico gli aveva prestato, pensando che fosse ormai abbastanza maturo per poterle leggere.

Pellico aveva letto il libro del Foscolo più o meno alla stessa età del suo ex allievo (Silvio aveva lasciato, infatti, casa Briche nel 1816 perché, nonostante il grande affetto per Odoardo, la situazione economica difficile della propria famiglia lo obbligava a cercare un lavoro pagato meglio e più stabile), ma la sua natura riflessiva e malinconica lo aveva aiutato a "metabolizzare" il libro meglio di quanto non fece Odoardo, pur restando fermo che non basta un libro a spingere un adolescente a suicidarsi, se non c'è dietro una disperazione reale e profonda.[7]

---

[77] *"Il governo napoleonico era caduto. La famiglia di Silvio era tornata a Torino ove il signor Onorato era stato chiamato a dirigere una delle sessioni del ministero della guerra. Il solo Silvio rimase a Milano ospitato con ogni riguardo di stima e d'amore in casa del conte Briche ove imprese ad educare un giovinetto di care speranze per nome Odoardo che egli amò qual figlio. Poscia passò in casa Porro per formare il core e l'intelligenza de suoi due fanciulli Mimino e Giulio. Un dì Odoardo venne a vederlo, era mesto e più che mesto era cupo. Gli chiese un libro e parea che avesse altra cosa a dirgli. Silvio avea gente da cui non potè liberarsi e rispose ad Odoardo: "Va in biblioteca e prendilo: vuoi altro?" Odoardo replicò: "No." Parte va ad una casa di campagna di suo padre in Loreto che è subito fuori di Milano, fa sembiante di voler cacciare, chiede un fucile e s'uccide. Silvio ed il padre accorsi il dì appresso lo trovarono immerso nel suo sangue! Odoardo fu bello come un angiolo. Questo evento va segnalo tra que solenni che più funestarono la vita di Silvio."* (Piero Maroncelli, *Addizioni alle Mie Prigioni*, il testo è citato secondo la prima edizione pubblicata a Parigi nel 1833)
Silvio per rispetto probabilmente nei confronti dei familiari di

Nel frattempo la *Francesca* era andata in scena nell'agosto del 1815[8] grazie al fatto che Silvio era diventato, dopo l'esilio di

---

Odoardo che avevano fatto passare la sua morte per un incidente scrisse invece ne Le mie prigioni: "*Tre anni prima, in ottobre, s'era involontariamente ucciso con uno schioppo Odoardo Briche, giovinetto ch'io amava quasi fosse stato mio figlio.*"
Sicuramente Pellico sapeva di dover fare i conti con la censura piemontese molto più severa di quella parigina, io credo, però, che qui non abbia agito il timore della censura, ma la volontà di lasciare intatta la memoria di una persona a cui aveva voluto molto bene, si intuisce, infatti, da una lettera di Pellico al fratello dell'ottobre 1818 che egli avrebbe desiderato che si fosse davvero trattato di un incidente e non di un suicidio: "*È accaduta in casa Briche la più terribile fra le disgrazie. Il mio Odoardo s'è ucciso sabato, 17 — a Lorentecchio — credesi inavvertitamente. Tu sai che il primogenito di Briche è un cuore insipidissimo. Odoardo invece era idolatrato ogni giorno più per la sua bontà e delicatezza di sentire. L'altro jeri sono stato a Lorentecchio a rendere gli ultimi uffici a quell'infelice ragazzo.*"
Come dimostra una lettera di Pellico al padre di Odoardo venuta fuori di recente sul mercato antiquario Pellico collaborò alla stesura dell'epitaffio di Odoardo che ebbe un funerale religioso perché tutti finsero per pietà che si fosse trattato di un incidente.
Aldo Mola nella sua biografia del Pellico scrive che Odoardo si era sentito tradito dal fatto che Silvio impegnato nella nascita della rivista *Il Conciliatore* lo avesse messo in secondo piano: "*Odoardo si sentì privato del suo affetto. Capì che Pellico aveva il figlio atteso da sempre: una rivista, una battaglia di libertà, la lotta per innovare... Si sentì improvvisamente orfano del padre spirituale, cui teneva più che a quello naturale.*" (A. A. MOLA, *Silvio Pellico. Carbonaro, cristiano e profeta della nuova Europa*, Milano, Bompiani, 2005).
[8] "*Venerdì, 18 agosto Amico mio e della mia Francesca Spero che tutta la famiglia Borsieri vorrà onorare della sua presenza la recita di questa sera. Se non tremo gran fatto lo deggio più*

9

Foscolo, amico dell'abate e scrittore Ludovico Di Breme che aveva apprezzato il suo testo, lo aveva aiutato a correggerlo e, infine, aveva convinto l'attrice Carlotta Marchionni di cui era l'amante a rappresentarla.

Carlotta Marchionni fu dunque come racconta Maroncelli nelle sue *Addizioni* l'ispiratrice dell'ultima e definitiva stesura della *Francesca* risalente all'estate del 1815[9] e l'amore di

---

che alla mia coscienza al suffragio che voi e tu specialmente mio Piero già m accordaste. Scusa se io stesso non ti porto la chiave del palco. La Carlotta Marchionni mi ha jeri sera pregato d'essere stamane alle prove. Questa attrice m affida moltissimo; a mio parere è un angelo, Lancillotto mi par bravo davvero. Il padre tolta la voce un po fioca che pur non disdice a vecchio ha l'azione nobile e l'espressione patetica, Paolo non è abbastanza bell'uomo, ma è pieno di buona volontà, è inoltre Ariminese e l'amor patrio l'impegna. Mi lusingo che nessuno di loro meriterà di fischiate Ed io? Vedremo."* (La lettera venne pubblicata nel 1856 nella prima edizione dell'*Epistolario* di Silvio Pellico, priva di data, ma dal contenuto è chiaramente databile al 1815, l'anno della prima rappresentazione della *Francesca da Rimini*)

[9] Il fatto è confermato anche da una lettera di Sigismondo Trechi ad Ugo Foscolo: *"Ho rimesso immediatamente a Silvio Pellico la tua lettera a lui diretta, la chiave, e le istruzioni che mi hai incaricato di comunicargli. Egli per altro avrà differito ad eseguire la tua commissione, atteso la gita che ha fatto a Mantova coll'abate di Breme per assistere alla prima rappresentazione d'una Tragedia in prosa del suddetto Abate, e della sua Francesca da Rimini, ch'egli ha nuovamente corretta. Ambedue queste produzioni drammatiche sono confidate all'abilità non comune della giovane attrice Carolina Marchionni. Essa si distingue per un organo di voce sonora e soave, e soprattutto per una grande mobilità di fisionomia, che si presta con somma facilità alla vera espressione d'ogni sorta d'affetti, e nelle loro più piccole degradazioni. La sua pronuncia è buona; ma accostumata essa pure alla solita cantilena, non si cura punto di vincerla, e quindi s'aggirerà mai sempre intorno*

Ludovico per lei probabilmente influì sulle correzioni apportate,[10] anche se non si può dire come scrissero nel corso

---

alla mediocrità." (Da una lettera del barone milanese Sigismondo Trechi ad Ugo Foscolo del 24 novembre 1815, tratta da: http://www.bibliotecaitaliana.it/xtf/view?docId=bibit000457/bibit000457.xml&chunk.id=d43e3563&toc.depth=1&toc.id=&brand=default&query=trechi#11 è interessante sia il fatto che Trechi scriva Carolina invece di Carlotta dimostrando che non era ancora un'attrice così conosciuta).

Mentre non esistono prove che Pellico conoscesse già dal 1813, data della prima stesura della Francesca, Carlotta Marchionni perché Pellico la ringrazia sempre nelle sue lettere per il modo in cui recitando la Francesca l'ha portata al successo, ma non accena mai al fatto che sia stata Carlotta ad ispirarlo. Carlotta appare quindi come colei che ha dato spessore al suo personaggio, portandolo concretamente sulla scena, non come colei che l'ha ispirato.

D'altra parte le notizie date da Maroncelli nelle sue *Addizioni* sono difficili da valutare come attendibilità perché alcuni risultano confermate in pieno da altre fonti, mentre altre sono palesemente errate (per esempio Maroncelli data al 1819-1820 l'anno di vita del Conciliatore, mentre in realtà Il Conciliatore era nato nell'ottobre del 1818 e morto 14 mesi dopo a causa della censura oppure scrive che tutta la famiglia Pellico, tranne Silvio aveva lasciato Milano nel 1814, mentre da una lettera di Michele Leoni ad Ugo Foscolo viene fuori un'altra verità, ossia che Silvio era rimasto a vivere in casa Briche dove lavorava come precettore di Odoardo già da tre anni, mentre suo fratello Luigi era stato ospitato dallo stesso Leoni in casa sua, finché non aveva trovato nel febbraio del 1815 un impiego a Genova).

[10] "*Qualche anno dopo Carlotta ricomparve a Milano adulta e già salutata come massima nell'arte sua. Era al teatro re Silvio Pellico e Lodovico Breme la conobbero e l'abbandonata Francesca che giaceva polverosa nel forziere dell'autore fu tratta in luce rappresentata da Carlotta, ripetuta a Napoli a Firenze su tutti i teatri d Italia e sempre con esito crescente.*"

11

dell'800 molti biografi, soprattutto francesi, del Pellico, che Carlotta sia stata l'ispiratrice della tragedia.[11]

A conferma dell'ipotesi che la donna che ha ispirato il personaggio di Francesca sia Emilia Vignali Briche ho rintracciato tra i manoscritti conservati nella Biblioteca Nazionale di Parigi una lettera dell'otto novembre 1835, indirizzata da Pellico proprio alla Briche che è interessante per due motivi, Pellico le dà del tu, una cosa insolita, considerando che era stata la sua "datrice di lavoro" in quanto madre del bambino di cui Pellico era precettore e che quindi sarebbe stato più consono ai rispettivi ruoli se le avesse dato del voi e in più Pellico, dopo aver descritto alla Briche la sua vita successiva alla liberazione dal carcere, una vita relativamente tranquilla, dedita alla religione e alla scrittura, insieme ai genitori ormai anziani, scrive questa frase che mi sembrata allusiva al suo amore passato: "Arrossisco delle stoltezze della mia gioventù, e trovo un'indicibile dolcezza nella religione. Le anime nostre sono fatte per amore, ma non possono essere felici, se non amando Dio."[12]

(Piero Maroncelli, *Addizioni*, cit.)

[11] A.MARCHINI, *Ludovico Di Breme Arborio Gattinara (1780-1820) Grande letterato, poeta romantico e patriota,* Genova, KC Edizioni, 2010. Si tratta della biografia più recente relativa a Ludovico Di Breme, l'autore però considerando che Ludovico usava nelle proprie lettere la parola amore non solo parlando di Carlotta, ma anche di Silvio Pellico, ritiene che quello di Ludovico per Carlotta possa essere stato soltanto un amore platonico. D'altra parte io credo che si possa prendere in considerazione anche l'ipotesi opposta ossia che Ludovico provasse per Silvio un sentimento molto forte al limite tra amicizia ed amore.

[12]http://gallica.bnf.fr/ark:/12148/btv1b6000272v/f83.image

Immagine tratta da:

http://it.wikipedia.org/wiki/File:Paoloefrancesca.jpg

FRANCESCA DA RIMINI

TRAGEDIA.

Noi leggevamo un giorno per diletto,
Di Lancillotto come amor lo strinse,
Soli eravamo e senza alcun sospetto.
Per più fiate gli occhi ci sospinse
Quella lettura e scolorocci il viso.
Ma solo un punto fu quel che ci vinse.
Quando leggemmo il disïato riso,
Esser baciato da cotanto amante,
Questi, che mai da me non fia diviso,
La bocca mi baciò tutto tremante.

PERSONAGGI.

LANCIOTTO, signor di Rimini.
PAOLO, suo fratello.
GUIDO, signore di Ravenna.
FRANCESCA, sua figlia e moglie di Lanciotto.
UN PAGGIO.
GUARDIE.

La scena è in Rimini nel palazzo signorile.

FRANCESCA DA RIMINI.

ATTO PRIMO.

SCENA PRIMA.

Esce LANCIOTTO dalle sue stanze per andare all'incontro di
GUIDO, il quale giunge. Si abbracciano affettuosamente.

GUIDO.
Vedermi dunque ella chiedea? Ravenna
Tosto lasciai; men della figlia caro
Sariami il trono della terra.
LANCIOTTO.
Oh Guido!
Come diverso tu rivedi questo
Palagio mio dal dì che sposo io fui!
Di Rimini le vie più non son liete
Di canti e danze; più non odi alcuno
Che di me dica: Non v'ha rege al mondo
Felice al pari di Lanciotto. Invidia
Avean di me tutti d'Italia i prenci:
Or degno son di lor pietà. Francesca
Soavemente commoveva a un tempo
Colla bellezza i cuori, e con quel tenue
Vel di malinconia che più celeste
Fea il suo sembiante. L'apponeva ognuno
All'abbandono delle patrie case
E al pudor di santissima fanciulla,
Che ad imene ed al trono ed agli applausi

Ritrosa ha l'alma. - Il tempo ir diradando
Parve alfin quel dolor. Meno dimessi
Gli occhi Francesca al suo sposo volgea;
Più non cercava ognor d'esser solinga;
Pietosa cura in lei nascea d'udire
Degl'infelici le querele, e spesso
Me le recava; e mi diceva.... Io t'amo.
Perchè sei giusto e con clemenza regni.
GUIDO.
Mi sforzi al pianto. - Pargoletta, ell'era
Tutta sorriso, tutta gioja, ai fiori
Parea in mezzo volar nel più felice
Sentiero della vita; il suo vivace
Sguardo in chi la mirava, infondea tutto
Il gajo spirto de' suoi giovani anni.
Chi presagir potealo? Ecco ad un tratto
Di tanta gioja estinto il raggio, estinto
Al primo assalto del dolor! La guerra,
Ahimè, un fratel teneramente amato
Rapiale!... Oh infausta rimembranza!.. Il cielo
Con preghiere continue ella stancava
Pel guerreggiante suo caro fratello...
LANCIOTTO.
Inconsolabil del fratel perduto
Vive, e n'abborre l'uccisor; quell'alma
Sì pia, sì dolce, mortalmente abborre!
Invan le dico: I nostri padri guerra
Moveansi; Paolo, il fratel mio, t'uccise
Un fratello, ma in guerra; assai dorragli
L'averlo ucciso; egli ha leggiadri, umani,
Di generoso cavaliero i sensi.
Di Paolo il nome la conturba. Io gemo
Però che sento del fratel lontano
Tenero amore. Avviso ebbi ch'ei riede
In patria, il core men balzò di gioja;
Alla mia sposa supplicando il dissi,
Onde benigna l'accogliesse. Un grido
A tal annunzio mise. Egli ritorna!
Sclamò tremando, e semiviva cadde.

Dirtelo deggio? Ahi l'ho creduta estinta,
E furente giurai che la sua morte
Io vendicato avrei... nel fratel mio.
GUIDO.
Lasso! e potevi?...
LANCIOTTO.
Il ciel disperda l'empio
Giuramento! L'udì ripeter ella,
Ed orror n'ebbe, e a me le man stendendo:
Giura, sclamò, giura d'amarlo: ei solo,
Quand'io più non sarò, pietoso amico
Ti rimarrà... Ch'io l'ami impone, e l'odia,
La disumana! E andar chiede a Ravenna
Nel suo natio palagio, onde gli sguardi
Non sostener dell'uccisor del suo
Germano.
GUIDO.
Appena ebbi il tuo scritto, inferma
Temei foss'ella. Ah, quanto io l'ami, il sai!
Che troppo io viva... tu mi intendi... io sempre
Tremo.
LANCIOTTO.
Oh, non dirlo!.. Io pur, quando sopita
La guardo... e chiuse le palpebre e il bianco
Volto segno non dan quasi di vita,
Con orrenda ansietà pongo il mio labbro
Sovra il suo labbro per sentir se spiri:
E del tremor tuo tremo. - In feste e giochi
Tenerla volli, e sen tediò: di gemme
Dovizïosa e d'oro e di possanza
Farla, e fu grata ma non lieta. Al cielo
Devota è assai: novelle are costrussi.
Cento vergini e cento alzano ognora
Preci per lei, che le protegge ed ama.
Ella s'avvede ch'ogni studio adopro
Onde piacerle, e me lo dice, e piange.
Talor mi sorge un reo pensier... Avessi
Qualche rivale? O ciel! ma se da tutta
La sua persona le traluce il core

Candidissimo e puro!... Eccola.

SCENA II.

FRANCESCA E DETTI.

GUIDO.
Figlia,
Abbracciami. Son io...
FRANCESCA.
Padre... ah, la destra
ch'io ti copra di baci!
GUIDO.
Al seno mio,
Qui... qui confondi i tuoi palpiti a' miei
Vieni, prence. Ambidue siete miei figli:
Ambidue qui... Vi benedica il cielo!
Così vi strinsi ambi quel dì che sposi
Vi nomaste.
FRANCESCA.
Ah, quel dì!... fosti felice,
O padre.
LANCIOTTO.
E che? forse dir vuoi che il padre
Felice, e te misera festi?
FRANCESCA.
Io vero
Presagio avea, che male avrei lo sposo
Mio rimertato con perenne pianto,
E te lo dissi, o genitor: chiamata
Alle nozze io non era. Il vel ti chiesi;
Tu mi dicesti che felice il mio
Imen sol ti farebbe... io t'obbedii.
GUIDO.
Ingrata, il vel chieder potevi a un padre
A cui viva restavi unica prole?
Negar potevi a un genitor canuto

D'avere un dì sulle ginocchia un figlio
Della sua figlia?
FRANCESCA.
Non per me mi pento.
Iddio m'ha posto un incredibil peso
D'angoscia sovra il core, e a sopportarlo
Rassegnata son io. Gli anni miei tutti
Di lagrime incessanti abbeverato
Avrei del pari in solitaria cella
Come nel mondo. Ma di me dolente
Niuno avrei fatto!... liberi dal seno
Sariano usciti i miei gemiti a Dio,
Onde guardasse con pietà la sua
Creatura infelice, e la togliesse
Da questa valle di dolor!... Non posso
Nè bramar pure di morir: te affliggo,
O generoso sposo mio, vivendo:
T'affliggerei più, s'io morissi.
LANCIOTTO.
O pia
E in un crudele! Affliggimi, cospargi
Di velen tutte l'ore mie, ma vivi.
FRANCESCA.
Troppo tu m'ami. E temo ognor che in odio
Cangiar tu debba l'amor tuo... punirmi...
Di colpa ch'io non ho... d'involontaria
Colpa almeno....
LANCIOTTO.
Qual colpa?
FRANCESCA.
Io... debolmente
Amor t'esprimo...
LANCIOTTO.
E il senti? Ah, dirti cosa
Mai non volea ch'ora dal cor mi fugge!
Vorresti, e amarmi, oh ciel! nol puoi...
FRANCESCA.
Che pensi?
LANCIOTTO.

Rea non ti tengo... involontarii sono
Spesso gli affetti...
FRANCESCA.
Che?
LANCIOTTO.
Perdona. Rea
Io non ti tengo, tel ridico, o donna:
Ma il tuo dolor... sarebbe mai... di forte
Alma in conflitto con biasmato... amore?
FRANCESCA.
(Gettandosi nelle braccia di Guido.)
Ah, padre, salva la mia fama. Digli,
E giuramento abbine tu, che giorni
Incolpabili io trassi al fianco tuo,
E che al suo fianco io non credea che un'ombra
Pur di sospetto mai data gli avessi.
LANCIOTTO.
Perdona: amore è di sospetti fabbro. -
Io fra me spesso ben dicea: Se pure,
Fanciulla ancor, d'immacolato amore
Si fosse accesa, e or tacita serbasse
Il sovvenir d'un mio rival, cui certo
Ella antepone il suo dover, qual dritto
Di esacerbar la cruda piaga avrei,
Indagando l'arcano? Eterno giaccia
Nel suo innocente cor, s'ella ha un arcano!
Ma dirlo deggio? Il dubbio mio s'accrebbe
Un dì che al fratel tuo lodi tessendo,
Io m'accingeva a consolarti. Invasa
Da trasporto invincibile, sclamasti:
Dove, o segreto amico mio del cuore,
Dove n'andasti? Perchè mai non torni,
Sì che pria di morire io ti riveggia?
FRANCESCA.
Io dissi?
LANCIOTTO.
Nè a fratel volti que' detti
Parean.
FRANCESCA.

Fin nel delirio, agl'infelici
Scrutar vuolsi il pensier? Sono infelici,
Nè basta: infami anch'esser denno. Ognuno
Contro l'afflitto spirto lor congiura;
Ognun... pietà di lor fingendo... gli odia;
Non pietà no, la tomba chieggon... Quando
Più sopportarmi non potrai, la tomba
Aprimi sì; discenderovvi io lieta:
Lieta pur ch'io... da ogn'uom fugga!
GUIDO.
Vaneggi?
Figlia...
LANCIOTTO.
Quai su di me vibri tremendi
Sguardi! Che li fec'io?
FRANCESCA.
Di mie sciagure
La cagion non sei tu?... Perchè strapparmi
Dal suol che le materne ossa racchiude?
Là calmato avria il tempo il dolor mio;
Qui tutto il desta, e lo rinnova ognora...
Passo non fo ch'io non rimembri... - Oh insana!
Fuor di me son. Non creder, no...
LANCIOTTO.
A Ravenna,
Francesca, sì, col genitor n'andrai.
GUIDO.
Prence, t'arresta.
LANCIOTTO.
Oh, a'dritti miei rinunzio.
Dalla tua patria non verrò a ritorti:
Chi orror t'ispira, ed è tuo sposo, e t'ama
Pur tanto, più non rivedrai... se forse
Pentita un giorno e a pietà mossa, al tuo
Misero sposo non ritorni... E forse,
Dall'angosce cangiato, ah, ravvisarmi
Più non saprai! Ben io, ben io nel core
La tua presenza sentirò: al tuo seno
Volerò perdonandoti.

FRANCESCA.
Lanciotto,
Tu piangi?
GUIDO.
Ah figlia!
FRANCESCA.
Padre mio! Vedesti
Figlia più rea, più ingrata moglie? iniqui
Detti mi sfuggon nel dolor, ma il labbro
Sol li pronuncia.
GUIDO.
Ah, di tuo padre i giorni
Non accorciar, nè del marito vane
Far le virtù per cui degna e adorata
Consorte il ciel gli concedea! Più lieve
Sarà la terra sovra il mio sepolcro,
Se un dì, toccando, giurerai che lieto
Di prole festi e del tuo amor lo sposo.
FRANCESCA.
Io accorcerei del padre mio la vita?
No. Figlia e moglie esser vogl'io: men doni
Lo forza il ciel. Meco il pregate!
GUIDO.
Rendi
A mia figlia la pace!
LANCIOTTO.
... Alla mia sposa!

SCENA III.

UN PAGGIO E DETTI.

PAGGIO.
L'ingresso chiede un cavalier.
FRANCESCA.
(A Guido.) Tu d'uopo
Hai di riposo: alle tue stanze, o padre,

Vieni. (Parte con Guido.)

SCENA IV.

LANCIOTTO E IL PAGGIO.

LANCIOTTO.
Il suo nome?
PAGGIO.
Il nome suo tacea:
Supporlo io posso. Entrò negli atrii, e forte
Commozïone l'agitò: con gioja
Guardava l'armi de' tuoi avi appese
Alle pareti: di tuo padre l'asta
E lo scudo conobbe.
LANCIOTTO.
Oh Paolo! Oh mio
Fratello!
PAGGIO.
Ecco a te viene.

SCENA V.

PAOLO E LANCIOTTO si corrono incontro e restano
lungamente abbracciati

LANCIOTTO.
Ah, tu sei desso,
Fratel!
PAOLO.
Lanciotto! mio fratello! - Oh sfogo
Di dolcissime lacrime!
LANCIOTTO.
L'amico,
L'unico amico de' miei teneri anni

Da te diviso, oh, come a lungo io stetti.
PAOLO.
Qui t'abbracciai l'ultima volta... Teco
Un altr'uomo io abbracciava: ei pur piangea...
Più rivederlo io non doveva?
LANCIOTTO.
Oh padre!
PAOLO.
Tu gli chiudesti i moribondi lumi.
Nulla ti disse del suo Paolo?
LANCIOTTO.
Il suo
Figliuol lontano egli moria chiamando.
PAOLO.
Me benedisse? - Egli dal ciel ci guarda,
Ci vede uniti e ne gioisce. Uniti
Sempre saremo d'ora innanzi. Stanco
Son d'ogni vana ombra di gloria. Ho sparso
Di Bizanzio pel trono il sangue mio,
Debellando città ch'io non odiava,
E fama ebbi di grande, e d'onor colmo
Fui dal clemente imperador: dispetto
In me facean gli universali applausi.
Per chi di stragi si macchiò il mio brando?
Per lo straniero. E non ho patria forse
Cui sacro sia de' cittadini il sangue?
Per te, per te, che cittadini hai prodi,
Italia mia, combatterò; se oltraggio
Ti moverà la invidia. E il più gentile
Terren non sei di quanti scalda il sole?
D'ogni bell'arte non sei madre, o Italia?
Polve d'eroi non è la polve tua?
Agli avi miei tu valor desti e seggio,
E tutto quanto ho di più caro alberghi!
LANCIOTTO.
Vederti, udirti, e non amarti... umana
Cosa non è. - Sien grazie al cielo, odiarti
Ella, no, non potrà.
PAOLO.

25

Chi?
LANCIOTTO.
Tu non sai:
Manca alla mia felicità qui un altro
Tenero pegno.
PAOLO.
Ami tu forse?
LANCIOTTO.
Oh se amo!
La più angelica donna amo... e la donna
Più sventurata.
PAOLO.
Io pur amo; a vicenda
Le nostre pene confidiamci.
LANCIOTTO.
Il padre
Pria di morire un imeneo m'impose,
Onde stabile a noi pace venisse.
Il comando eseguii.
PAOLO.
Sposa t'è dunque
La donna tua? nè lieto sei? Chi è dessa?
Non t'ama?
LANCIOTTO.
Ingiusto accusator, non posso
Dir che non m'ami. Ella così te amasse!
Ma tu un fratello le uccidesti in guerra,
Orror le fai, vederti niega.
PAOLO.
Parla,
Chi è dessa? chi?
LANCIOTTO.
Tu la vedesti allora
Che alla corte di Guido...
PAOLO.
Essa...
(Reprimendo la sua orribile agitazione.)
LANCIOTTO.
La figlia

Di Guido.
PAOLO.
E t'ama! Ed è tua sposa? - È vero;
Un fratello... le uccisi...
LANCIOTTO.
Ed incessante
Duolo ne serba. Poichè udì che in patria
Tu ritornavi, desolata abborre
Questo tetto.
PAOLO.
(Reprimendosi sempre.)
Vedermi, anco vedermi
Niega? - Felice io mi credeva accanto
Al mio fratel. - Ripartirò... in eterno
Vivrò lontano dal mio patrio tetto.
LANCIOTTO.
Fausto ad ambi ugualmente il patrio tetto
Sarà. Non fia che tu mi lasci.
PAOLO.
In pace
Vivi; a una sposa l'uom tutto pospone.
Amala... - Ah, prendi questo brando, il tuo
Mi dona! rimembranza abbilo eterna
Del tuo Paolo.
(Eseguisce con dolce violenza questo
cambio.)
LANCIOTTO.
Fratel...
PAOLO.
Se un giorno mai
Ci rivedrem, s'io pur vivrò... più freddo
Batterà allora il nostro cuor... il tempo
Che tutto estingue, estinto avrà... in Francesca
L'odio... e fratel mi chiamerà.
LANCIOTTO.
Tu piangi.
PAOLO.
Io pure amai! Fanciulla unica al mondo
Era quella al mio sguardo.... ah, non m'odiava,

No; non m'odiava.
LANCIOTTO.
E la perdesti?
PAOLO.
Il cielo
Me l'ha rapita!
LANCIOTTO.
D'un fratel l'amore
Ti sia conforto. Alla tua vista, a' modi
Tuoi generosi placherassi il core
Di Francesca medesma... Or vieni...
PAOLO.
Dove?...
A lei dinanzi... non fia mai ch'io venga!

FINE DELL'ATTO PRIMO.

Immagine tratta da:

ATTO SECONDO.

SCENA PRIMA.

GUIDO E FRANCESCA.

FRANCESCA.
Qui... più libera è l'aura.
GUIDO.
Ove t'aggiri
Dubitando così?
FRANCESCA.
Non ti parea
La voce udir... di... Paolo?
GUIDO.
Timore
Or di vederlo non ti prenda. Innanzi
Non ti verrà, se tu nol brami.
FRANCESCA.
Alcuno
Gli disse ch'io... l'abborro? glien duol forse?
GUIDO.
Assai glien duol. Volea partir; Lanciotto
Ne lo trattenne.
FRANCESCA.
Egli partir volea?
GUIDO.
Or più quieto hai lo spirto. Oggi Lanciotto
Spera che del fratel suo la presenza
Tu sosterrai.
FRANCESCA.
Padre, mio padre! Ah, senti...
Questo arrivo... deh, senti, come forti
Palpiti desta nel mio sen! - Deserta
Rimini mi parea; muta, funebre
Mi parea questa casa; ora... Deh, padre,

Mai non lasciarmi, deh, mai più! Sol teco
Giubilar oso e piangere; nemico
Tu non mi sei... Pietà di me tu avresti,
Se...
GUIDO.
Che?
FRANCESCA.
Se tu sapessi... - Oh, quanto amaro
M'è il vivere solinga! Ah, tu pietoso
Consolator mi sei!... Fuorchè te, o padre,
Non evvi alcun dinanzi a cui non tremi,
Dinanzi a cui tutti del core i moti
Io non debba reprimere... Nascosto
Non tengo il cor; facil s'allegra e piange:
E mostrar mai nè l'allegria nè il pianto
Lecito m'è. Tradirmi posso; guai,
Guai se con altri un detto mi sfuggisse!...
Tu... più benigno guarderesti i mali
Della tua figlia... E se in periglio fosse...
Ne la trarresti con benigna mano.
GUIDO.
No, il cor nascosto tu non tieni... I tuoi
Pensier segreti... più non son segreti,
Quando col tuo tenero padre stai.
FRANCESCA.
Tutto... svelarti bramerei... Che dico?
Ove mi celo? Oh terra, apriti, cela
La mia vergogna!
GUIDO.
Parla; il ciel t'ispira.
Abbi fiducia. Il fingere è supplizio
Per te...
FRANCESCA.
Dovere è il fingere, dovere
Il tacer, colpa il dimandar conforto;
Colpa il narrar sì reo delitto a un padre,
Che il miglior degli sposi alla sua figlia
Diede... e felice non la fe'!
GUIDO.

Me lasso!
Il carnefice tuo dunque son io?
FRANCESCA.
Oh buon padre! nol sei... - Vacillar sento
La mia debol virtù. - Tremendo sforzo,
Ma necessario! Salvami, sostienmi!
Lunga battaglia fin ad ora io vinsi;
Ma questi di mia vita ultimi giorni
Tremarmi fanno... Aita, o padre, ond'io
Santamente li chiuda. - Ah, si! Lanciotto
Ben sospettò, ma rea non son! fedele
Moglie a lui son, fedel moglie esser chieggo!.. -
Padre... sudar la tua fronte vegg'io...
Da me torci gli sguardi... inorridisci...
GUIDO.
Nulla, figlia, raccontami...
FRANCESCA.
Ti manca
Lo spirto. Oh ciel!
GUIDO.
Nulla, mia figlia. - Un breve
Disordin qui... qui nella mente... - Ah, dolce
A vecchio padre è l'appoggiar le inferme
Membra su figli non ingrati!
FRANCESCA.
Oh, è vero!
Giusta è la tua rampogna; ingrata figlia,
Ingrata io son: puniscimi.
GUIDO.
Qual empio
Di sacrilega fiamma il cor t'accese?
FRANCESCA.
Empio ei non è, non sa, non sa ch'io l'amo;
Egli non m'ama.
GUIDO.
Ov'è? Per rivederlo
Forse a Ravenna ritornar volevi?
FRANCESCA.
Per fuggirlo, mio padre!

GUIDO.
Ov'è colui?
Rispondi; ov'è?
FRANCESCA.
Pietà mi promettesti;
Non adirarti. È in Rimini...
GUIDO.
Chi giunge!

SCENA II.

LANCIOTTO E DETTI.

LANCIOTTO.
Turbati siete?... Eri placata or dianzi.
GUIDO.
Diman, Francesca, partirem.
LANCIOTTO.
Che dici?
GUIDO.
Francesca il vuol.
FRANCESCA.
Padre!
GUIDO.
Oseresti?...
(Parte guardandola minacciosamente.)

SCENA III.

LANCIOTTO E FRANCESCA.

FRANCESCA.
Ahi, crudo
Più di tutti è mio padre!
LANCIOTTO.

Abbandonarmi
Più non volevi; io ti credea commossa
Dal dolor mio. Per fuggir Paolo, d'uopo
Che tu parta non è; partir vuol egli.
FRANCESCA.
Partir?
LANCIOTTO.
Funesta gli parria la vita
Ne' suoi penati, ove abborrito ei fosse.
FRANCESCA.
Tanto gl'incresce?
LANCIOTTO.
Invan distornel volli;
Di ripartir fe' giuramento.
FRANCESCA.
Ei molto
Te ama...
LANCIOTTO.
Soave e generoso ha il core.
Debole amor (pari m'è in ciò) non sente...
E pari a me, d'amor vittima ei vive!
FRANCESCA.
D'amor vittima?
LANCIOTTO.
Sì. Non reggerebbe
Il tuo medesmo cuor, se tu l'udissi...
FRANCESCA.
Or perchè viene a queste piagge adunque?
Cred'ei che m'abbia alcun altro fratello
Onde rapirmel?... Per mio solo danno,
Certo, ei qui venne.
LANCIOTTO.
Ingiusta donna! Ei prega,
Pria di partir, che un sol istante l'oda,
Che un solo istante tu lo veggia. - Ah, pensa
Ch'ei t'è cognato; che novelli imprende
Lunghi viaggi; che più forse mai
Nol rivedrem! Religion ti parli.
Se un nemico avess'io, che l'oceàno

In procinto a varcar, la destra in pria
A porgermi venisse... io quella destra
Con tenerezza stringerei, sì dolce
È il perdonar.
FRANCESCA.
Deh, cessa!.. Oh mia vergogna!
LANCIOTTO.
Chi sa, direi, se quel vasto oceàno,
Fin che viviam, frapposto ognor non fia
Tra quel mortale e me? Sol dopo morte,
In cielo... E tutti noi là ci vedremo...
Là non potremo esser divisi. Oh donna,
Il fratello abborrir là non potrai!
FRANCESCA.
Sposo, deh, sappi... Ah, mi perdona!
LANCIOTTO.
Vieni,
Fratello!
FRANCESCA.
Oh Dio!
(Si getta nelle braccia di Lanciotto.)

SCENA IV.

PAOLO E DETTI.

PAOLO.
Francesca!... eccola... dessa!
LANCIOTTO.
Paolo, t'avanza.
PAOLO.
E che dirò? - Tu dessa? -
Ma s'ella niega di vedermi, udirmi
Consentirà? Meglio è ch'io parta, in odio
Le sarò men. - Fratel, dille che al suo
Odio perdono, e che nol merto. Un caro
German le uccisi; io nol volea. Feroce

34

Ei che perdenti avea le schiere, ei stesso
S'avventò sul mio brando; io di mia vita
Salvo a costo l'avria.
FRANCESCA.
(Sempre abbracciata al marito, senza osar di levar la faccia.)
Sposo, è partito?
Partito è Paolo?.. Alcuno odo che piange;
Chi è?
PAOLO.
Francesca io piango; io de' mortali
Sono il più sventurato! Anche la pace
De' lari miei non m'è concessa. Il core
Assai non era lacerato? assai
Non era il perder... l'adorata donna?
Anche il fratello, anche la patria io perdo!
FRANCESCA.
Cagion mai non sarò ch'un fratel l'altro
Debba fuggir. Partir vogl'io; tu resta,
Uopo ha Lanciotto d'un amico.
PAOLO.
Oh! l'ami?...
A ragion l'ami. Io pur l'amo... E pugnando
In remote contrade... e quando i vinti
E le spose e le vergini io salvava
Dal furor delle mie turbe vincenti,
E d'ogni parte m'acclamavan tutti
Fortissimo guerrier, ma guerrier pio...
Dolce memoria del fratello amato
Mi ricorreva, e mi parea che un giorno
Mi rivedrebbe con gentile orgoglio...
E tutta Italia e sue leggiadre donne
Avrian proferto amabilmente il nome
Dell'incolpabil cavaliero. - Ah, infausti
M'erano que' trionfi! il valor mio
Infausto m'era!
FRANCESCA.
Dunque tu in remote
Contrade combattendo... ai vinti usavi
Spesso pietà? Le vergini e le spose

Salvavi? Là colei forse vedesti
Che nell'anima tua regna. - Che parlo?
Oh insana. - Vanne. Io t'odio, sì!
PAOLO.
(Risolutamente.)
Lanciotto,
Addio. - Francesca!...
FRANCESCA.
(Udendo ch'egli parte, gli getta involontariamente uno
sguardo.)
PAOLO.
(Vorrebbe parlare; è in una convulsione terribile, e temendo di
tradirsi fugge.)
LANCIOTTO.
Paolo: deh, ti ferma!

SCENA V.

LANCIOTTO E FRANCESCA.

FRANCESCA.
Paolo... Misera me!
LANCIOTTO.
Pietà di lui
Senti, barbara, o fingi? A che ti stempri
In lagrime or, se noi tutti infelici
Render vuoi tu? Favella; io ragion chieggo
De' tuoi strani pensieri; alfin son stanco
Di sofferirli.
FRANCESCA.
E sono pure io stanca
Di tue ingiuste rampogne; ed avrò pace
Sol quando fia ch'io più non veggia... il mondo!

FINE DELL'ATTO SECONDO.

ATTO TERZO.

SCENA PRIMA.

PAOLO.
Vederla... sì, l'ultima volta. Amore
Mi fa sordo al dover. Sacro dovere
Saria il partir, più non vederla mai!...
Nol posso. Oh! come mi guardò! Più bella
La fa il dolor: più bella, sì, mi parve;
Più sovrumana! E la perdei? Lanciotto
Me l'ha rapita? oh rabbia! oh!.. il fratel mio
Non amo? Egli è felice... ei lungamente
Lo sia... Ma che? per farsi egli felice
Squarciar doveva ei d'un fratello il core?

SCENA II.

FRANCESCA s'avanza senza veder PAOLO.

FRANCESCA.
Ov'è mio padre? almen da lui sapessi
Se ancor qui alberga... il mio... cognato! - Io queste
Mura avrò care sempre...Ah, sì, lo spirto
Esalerò su questo sacro suolo
Ch'egli asperse di pianto!... Empia, discaccia
Sì rei pensieri: io son moglie!...
PAOLO.
Favella
Seco medesma, e geme.
FRANCESCA.
Ah, questo loco
Lasciar io deggio: di lui pieno è troppo!
Al domestico altar ritrarmi io deggio...

37

E giorno e notte innanzi a Dio prostrata
Chieder mercè de' falli miei; che tutta
Non m'abbandoni, degli afflitti cuori
Refugio unico, Iddio. (Per partire.)
PAOLO.
(Avanzandosi.) Francesca...
FRANCESCA.
Oh vista! -
Signor... che vuoi?
PAOLO.
Parlarti ancor.
FRANCESCA.
Parlarmi? -
Ahi, sola io son!... Sola mi lasci, o padre?
Padre, ove sei? la tua figlia soccorri! -
Di fuggir forza avrò.
PAOLO.
Dove?
FRANCESCA.
Signore...
Deh, non seguirmi! il voler mio rispetta;
Al domestico altar qui mi ritraggo:
Del cielo han d'uopo gl'infelici.
PAOLO.
A' piedi
De' miei paterni altar teco verronne.
Chi di me più infelice? Ivi frammisti
I sospir nostri s'alzeranno. Oh donna!
Tu invocherai la morte mia, la morte
Dell'uom che abborri... io pregherò che il cielo
Tuoi voti ascolti e all'odio tuo perdoni,
E letizia t'infonda, e lunga serbi
Giovinezza e beltà sul tuo sembiante,
E a te dia tutto che desiri!... tutto!...
Anche... l'amor del tuo consorte... e figli
Da lui beati!
FRANCESCA.
Paolo, deh! - Che dico? -
Deh, non pianger. La tua morte non chieggo.

PAOLO.
Pur tu m'abborri...
FRANCESCA.
E che ten cal, s'io deggio
Abborrirti?... La tua vita non turbo.
Diman io qui più non sarò. Pietosa
Al tuo germano compagnia farai.
Della perdita mia tu lo consola:
Piangerà ei certo... Ah, in Rimini, egli solo
Piangerà, quando gli fia noto!... - Ascolta.
Per or, non digliel. Ma tu, sappi... ch'io
Non tornerò più in Rimini: il cordoglio
M'ucciderà. Quando al mio sposo noto
Ciò fia, tu lo consola: e tu... per lui...
Tu pur versa una lagrima.
PAOLO.
Francesca,
Se tu m'abborri che mi cale? e il chiedi?
E l'odio tuo la mia vita non turba?
E questi tuoi detti funesti?... - Bella
Come un angiol, che Dio crea nel più ardente
Suo trasporto d'amor... cara ad ognuno...
Sposa felice... e osi parlar di morte?
A me s'aspetta, che per vani onori
Fui strascinato da mia patria lunge,
E perdei... - Lasso! un genitor perdei.
Rïabbracciarlo ognor sperava. Ei fatto
Non m'avrebbe infelice, ove il mio cuore
Discoperto gli avessi... e colei data
M'avria... colei, che per sempre ho perduta.
FRANCESCA.
Che vuoi tu dir? Della tua donna parli...
E senza lei sì misero tu vivi?
Sì prepotente è nel tuo petto amore?
Unica fiamma esser non dee nel petto
Di valoroso cavaliere, amore.
Caro gli è il brando e la sua fama; egregi
Affetti son. Tu seguili; non fia
Che t'avvilisca amor.

PAOLO.
Quai detti? Avresti
Di me pietà? Cessar d'odiarmi alquanto
Potresti, se col brando io m'acquistassi
Fama maggior? Un tuo comando basta.
Prescrivi il luogo e gli anni. A' più remoti
Lidi mi recherò; quanto più gravi
E perigliose troverò le imprese,
Vie più dolci mi fien, poichè Francesca
Imposte me l'avrà. L'onore assai
E l'ardimento mi fan prode il braccio;
Più il farà prode il tuo adorato nome.
Contaminate non saran mie glorie
Da tirannico intento. Altra corona,
Fuorchè d'alloro, ma da te intrecciata,
Non bramerò, solo un tuo applauso,un detto,
Un sorriso, uno sguardo...
FRANCESCA.
Eterno Iddio!
Che è questo mai?
PAOLO.
T'amo, Francesca, t'amo,
E disperato è l'amor mio!
FRANCESCA.
Che intendo?
Deliro io forse? che dicesti?
PAOLO.
Io t'amo!
FRANCESCA.
Che ardisci? Ah taci! Udir potrian... Tu m'ami!
Sì repentina è la tua fiamma? Ignori
Che tua cognata io son? Porre in obblio
Sì tosto puoi la tua perduta amante?...
Misera me! questa mia man, deh, lascia!
Delitto sono i baci tuoi!
PAOLO.
Repente
Non è, non è la fiamma mia. Perduta
Ho una donna, e sei tu; di te parlava

40

Di te piangea; te amava; te sempre amo;
Te amerò sino all'ultim'ora! e s'anco
Dell'empio amor soffrir dovessi eterno
Il castigo sotterra, eternamente
Più e più sempre t'amerò!
FRANCESCA.
Fia vero?
M'amavi?
PAOLO.
Il giorno che a Ravenna io giunsi
Ambasciator del padre mio, ti vidi
Varcare un atrio col feral corteggio
Di meste donne, ed arrestarti a' piedi
D'un recente sepolcro, e ossequïosa
Ivi prostrarti, e le man giunte al cielo
Alzar con muto ma dirotto pianto.
Chi è colei? dissi a talun. - La figlia
Di Guido, mi rispose. - E quel sepolcro? -
Di sua madre il sepolcro. - Oh, quanta al core
Pietà sentii di quell'afflitta figlia!
Oh qual confuso palpitar!... Velata
Eri, o Francesca: gli occhi tuoi non vidi
Quel giorno, ma t'amai fin da quel giorno.
FRANCESCA.
Tu... deh, cessa!... m'amavi?
PAOLO.
Io questa fiamma
Alcun tempo celai, ma un dì mi parve
Che tu nel cor letto m'avessi. Il piede
Dalle virginee tue stanze volgevi
Al secreto giardino. E presso al lago
In mezzo ai fior prosteso, io sospirando
Le tue stanze guardava: e al venir tuo
Tremando sorsi. - Sopra un libro attenti
Non mi vedeano gli occhi tuoi; sul libro
Ti cadeva una lagrima... Commosso
Mi t'accostai. Perplessi eran miei detti,
Perplessi pure erano i tuoi. Quel libro
Mi porgesti e leggemmo. Insiem leggemmo

"Di Lancillotto come amor lo strinse.
"Soli eravamo e senza alcun sospetto...
Gli sguardi nostri s'incontraro... il viso
Mio scolorossi... tu tremavi... e ratta
Ti dileguasti.
FRANCESCA.
Oh giorno! A te quel libro
Restava.
PAOLO.
Ei posa sul mio cuor. Felice
Nella mia lontananza egli mi fea.
Ecco: vedi le carte che leggemmo.
Ecco: vedi, la lagrima qui cadde
Dagli occhi tuoi quel dì.
FRANCESCA.
Va' ti scongiuro,
Altra memoria conservar non debbo
Che del trafitto mio fratel.
PAOLO.
Quel sangue
Ancor versato io non aveva. Oh patrie
Guerre funeste! Quel versato sangue
Ardir mi tolse. La tua man non chiesi:
E in Asia trassi a militar. Sperava
Rieder tosto, e placata indi trovarti,
Ed ottenerti. Ah, d'ottenerti speme
Nutria, il confesso.
FRANCESCA.
Ohimè! ten prego, vanne:
Il doler mio, la mia virtù rispetta. -
Chi mi da forza, ond'io resista?
PAOLO.
Ah, stretta
Hai la mia destra? Oh gioja! dimmi: stretta
Perchè hai la destra mia?
FRANCESCA.
Paolo!
PAOLO.
Non m'odii?

Non m'odii tu?
FRANCESCA.
Convien ch'io t'odii.
PAOLO.
E il puoi?
FRANCESCA.
Nol posso.
PAOLO.
Oh detto! ah, mel ripeti! Donna,
Non m'odii tu?
FRANCESCA.
Troppo ti dissi. Ah crudo!
Non ti basta? Va', lasciami.
PAOLO.
Finisci.
Non ti lascio, se in pria tutto non dici.
FRANCESCA.
E non tel dissi... ch'io t'amo. - Ah, dal labbro
M'uscì l'empia parola!.. io t'amo, io muojo
D'amor per te... Morir bramo innocente:
Abbi pietà!
PAOLO.
Tu m'ami? tu?... L'orrendo
Mio affanno vedi. Disperato io sono:
Ma la gioja che in me scorre fra questo
Disperato furor, tale e sì grande
Gioja è, che dirla non poss'io. Fia vero
Che tu m'amassi?... E ti perdei!
FRANCESCA.
Tu stesso
M'abbandonasti, o Paolo. Io da te amata
Creder non mi potea. - Vanne: sia questa
L'ultima volta...
PAOLO.
Ch'io mai t'abbandoni
Possibile non è. Vederci almeno
Ogni giorno!...
FRANCESCA.
E tradirci? e nel mio sposo

43

Destar sospetti ingiuriosi? e macchia
Al nome mio recar? Paolo, se m'ami,
Fuggimi.
PAOLO.
Oh sorte irreparabil! Macchia
Al tuo nome io recar? No! - Sposa d'altri
Tu sei. Morir degg'io. La rimembranza
Di me scancella dal tuo seno: in pace
Vivi. Io turbai la pace tua: perdona. -
Deh, no, non pianger! non amarmi! - Ah, lasso!
Che dico? Amami, si: piangi sul mio
Precoce fato... - Odo Lanciotto. Oh cielo,
Dammi tu forza! - (Chiamando.) A me, fratel!

SCENA III.

LANCIOTTO, GUIDO E DETTI.

PAOLO.
L'estremo
Amplesso or dammi.
LANCIOTTO.
E invan...
PAOLO.
Nè un detto solo
A' miei voleri oppor. Funesti augurii
Qui meco trassi: guai s'io!...
LANCIOTTO.
Che favelli?
Sdegno ti sta sul ciglio!
PAOLO.
Ah! non di noi...
Del destino è la colpa. - Addio, Francesca.
FRANCESCA.
(Quasi fuor di se con grido convulsivo.)
Paolo... Ferma!
LANCIOTTO.

Qual voce!
GUIDO.
(Reggendo la figlia.)
Oimè le manca
Il respiro.
PAOLO.
(In atto di partire.)
Francesca...
FRANCESCA.
Ei parte... io muojo.
(Sviene nelle braccia di Guido.)
PAOLO.
Francesca... oh vista... si soccorra.
GUIDO.
Figlia...
(Francesca è recata nelle sue stanze.)

SCENA IV.

LANCIOTTO E PAOLO.

LANCIOTTO.
Paolo... Che intendo?... Orrendo lampo scorre
Sugli occhi miei.
PAOLO.
Barbaro! godi: è spenta...
Morir mi lascia: fuggimi. (Parte.)

SCENA V.

LANCIOTTO.

Fia vero?
Essa amarlo? E fingea!...No: dall'inferno

Questo pensier mi vien... pur... - Dalla reggia
L'uscire a Paolo s'interdica: a forza
Gli s'interdica. - Oh truce vel! si squarci.

FINE DELL'ATTO TERZO.

Immagine tratta da:

ATTO QUARTO.

SCENA PRIMA.

LANCIOTTO E PAGGIO.

LANCIOTTO.
Che? Guido affretta il suo partir? Vederla
Voglio, veder voglio Francesca. Innanzi
Anche colui mi venga... Paolo.
PAGGIO.
Il tuo
Fratello?
LANCIOTTO.
Il mio... fratello.

SCENA II.

LANCIOTTO.

Il mio fratello!
Fratello m'è: più orribile è il delitto. -
Essa l'odiava! ah menzognera! Io pure
A quell'odio credei. La lontananza
Di lui, cagione di sue lagrime era.
A rieder forse in Rimini Francesca
Secretamente l'invitò. - Ti frena,
O pensier mio; feroce mi consigli
La mandi porre ahi! su quest'elsa...io tremo!

SCENA III.

GUIDO E LANCIOTTO.

LANCIOTTO.
Fuggirmi forse è di tua figlia intento?
Senza ch'io'l sappia spera ella fuggirmi!
E tu a sue brame...
GUIDO.
È necessario!
LANCIOTTO.
Ah, rea
Dunque è tua figlia!
GUIDO.
No: tremendo fato
Noi tutti danna a interminabil pianto!
LANCIOTTO.
Rea non la chiami, e d'esecrando foco
Arde?
GUIDO.
Ma forte duol ne sente, e implora
Di fuggir da colui. - Ripigliò appena
I sensi, e pieno io di vergogna e d'ira
Dagli occhi tuoi la trassi: ed obbliando
Quasi d'esserle padre, a' piè d'un santo
Simulacro prostratala, snudai
Sul suo capo l'acciaro, ahi, minacciando
Di trucidarla e in un di maledirla,
Se il ver taceva. Fra singhiozzi orrendi
Favellò l'infelice.
LANCIOTTO.
E che ti disse?
GUIDO.
M'affoga il pianto. Ella è mia figlia... - Porse
La sua gola all'acciaro, e lagrimosi
Figgeva gli occhi negli asciutti miei. -
Sei tu colpevol? (le gridai) rispondi,
Sei tu colpevol?... pronunciar parola

49

Non poteva ella dall'angoscia... A forza
Mi si commosse il cor. Per non vederla
Torsi gli sguardi, e mi sentii le piante
Abbracciare, e lei, prono a terra il volto,
Sclamar con voce moribonda: Padre,
Sono innocente. - Giuralo. - Tel giuro!...
Ed io in silenzio m'asciugava il ciglio. -
Sono innocente, replicò tre volte...
Gettai l'acciar, l'alzai: la strinsi al seno...
Padre infelice e offeso son, ma padre.
LANCIOTTO.
Oh rabbia! L'ama ed innocenza vanta?
Lunge dagli occhi miei, più allegro amore
Con Paolo spera; ah, sen lusinga in vano!
Di seguirla a Ravenna ei le promette...
Oh traditor!.. Siete in mie mani ancora.
GUIDO.
Queste canute mie chiome rispetta.
Salvarla io deggio... tu, più non vederla. (Parte.)

SCENA IV.

LANCIOTTO E PAOLO.

LANCIOTTO.
Sciagurato, t'avanza.
PAOLO.
Uso non sono
Ad ascoltar sì acerbi modi: in altri
Rintuzzarli saprei. Ma in te del padre
L'autorità con sofferenza onoro. -
Parli a fratello o a suddito?
LANCIOTTO.
...A fratello. -
Rispondi, Paolo. Se tua sposa fosse
Colei; se alcuno a te il suo cor rapisse,
E se quei fosse il tuo più dolce amico...

Un uom che, mentre ti tradia, stringevi
Come più che fratello al seno tuo...
Che faresti di lui? - Pensavi.
PAOLO.
Io sento
Quanto ti costa l'esser mite.
LANCIOTTO.
Il senti?
Fratello, il senti quanto costa? - Il nostro
Padre nomasti. Ei mite era co' figli,
Anche se rei credevali.
PAOLO.
Tu solo
Succedergli mertavi. E che mai dirti?
Oh, come atterri la baldanza mia!
Anch'io talor magnanimo mi credo:
Al par di te nol son.
LANCIOTTO.
Di': se tua sposa
Fosse?
PAOLO.
Francesca? Ah, d'un rival pur l'ombra
Non soffrirei.
LANCIOTTO.
Se un tuo fratello amarla
Osasse?
PAOLO.
Più non mi saria fratello.
Guai a colui! Lo sbranerei col mio
Pugnal, chiunque il traditor si fosse.
LANCIOTTO.
Me pure assal questo desio feroce,
E trattengo la man che al brando corre:
Credilo, a stento la trattengo. Ed osi
Del tuo delitto convenir? Sedurre
La sposa altrui, del tuo fratel la sposa!
PAOLO.
Meno crudel saresti, or se col brando
Tu mi svenassi. Un vil non son. Sedurre

Io quel purissimo angiolo del cielo?
Non fora mai. Chi di Francesca è amante
Un vil non è: lo foss'ei stato pria,
Più nol sarebbe amandola: sublime
Fassi ogni cor, dacchè v'è impressa quella
Sublime donna. Io perchè l'amo, ambisco
D'esser uman, religioso e prode:
E perch'io l'amo, assai più forse il sono
Ch'esser non usan nè guerrier nè prenci.
LANCIOTTO.
E inverecondo più d'ogn'uom tu sei.
Vantarmi ardisci l'amor tuo?
PAOLO.
Se iniquo
Fosse il mio amor, tacer saprei, ma puro
È quanto immenso l'amor mio. Morire
Mille volte saprei pria che macchiarlo. -
Nondimen... veggio di partir la forte
Necessità. - Per la tua donna al tuo
Fratel rinuncia... ed in eterno!
LANCIOTTO.
Iniquo
Non è il tuo amore? E misero in eterno
Tu non mi rendi?... Obblierò ch'io m'ebbi
Un fratel caro: ma potrò dal core
Di Francesca strapparlo? E il cor di lei
Non porterai teco dovunque? Odiato
Vivrò al suo fianco. Nol dirà, pietosa,
Non mel dirà, ma ben il sento; ah, m'odia,
E tu, fellone, la cagion ne sei.
PAOLO.
L'amo, il confesso...Ma Francesca, oh cielo
Di lei non sospettar.
LANCIOTTO.
Anco ingannarmi
Vorresti? Il pensier tuo scerno. Tu temi
Che un giorno in lei mi vendichi, in Francesca,
Nella tua amante: e or più desio men prendi
Che? d'immolarvi non ho dritto? io regno:

Tradito sposo ed oltraggiato prence
Son io. Di me narri che vuoi la fama:
Di voi dirà: perfidi fur.
PAOLO.
La fama
Dirà: Qual colpa avea, se giovinetto
Paolo a Ravenna fu mandato, ed arse
Pel più leggiadro de' terrestri spirti? -
E tu quai dritti hai su di lei? Veduto
Mai non t'avea: sol per ragion di stato
La bramasti in isposa. Umani affetti
Non diè natura anco de' prenci ai figli?
Perchè il suo cor non indagasti pria
Di farla tua?
LANCIOTTO.
Che ardisci? aggiungi insulto
A insulto ancor? No, più non reggo. (Mette mano alla spada.)

SCENA V.

GUIDO, FRANCESCA E DETTI

FRANCESCA.
(Prima di uscire.)
Padre!
Stringer l'arme li veggio.
GUIDO.
(Vuol prima trattener Francesca; quindi si frappone tra Paolo
e Lanciotto.)
Ferma. - Ah, pace,
O esacerbati spiriti fraterni!
PAOLO.
Più della vita mi togliesti: poco
Del mio sangue mi cal, versalo.
FRANCESCA.
Il mio
Sangue versate: io sol v'offesi.

GUIDO.
Oh figlia!
LANCIOTTO.
Il sacro aspetto di tuo padre, o iniqua,
Per tua ventura ti difende. Statti
Fra le sue braccia: guai s'ei t'abbandona!
Obblierò che regia fu tua culla:
Peggio di schiava tratterotti. Infame
È l'amor tuo: più d'una schiava è infame
Una moglie infedel... Questa parola
Forsennato mi rende. Io tanto amarti,
Tanto adorarti, e tu spregiarmi?... Altero
Ho il cor, nol sai? tremendamente altero:
E oltraggi v'han, che perdonar non posso.
Onor mel vieta... Onor? che dissi? noto
Questo nome t'è forse?
GUIDO.
Arresta.
LANCIOTTO.
Io intendo,
Io dell'onor l'onnipossente voce:
Nè allorch'ei parla, più altra voce intendo,
E vibro il ferro ovunque accenni.
FRANCESCA.
Ah padre!
Ei non m'uccide, uccidimi tu, padre!
LANCIOTTO.
Vaneggio?... Voi raccapricciate?... - Oh Guido!
Quando canute avrò le chiome anch'io,
E vivrò nel passato, e freddamente
Guarderò i vizi e le virtù mie antiche...
Anche allor rimembrando un'adorata
Sposa che mi tradia, tutta l'antica
Disperata ira sentirò nel petto,
Ed imprecando fuggirò col guardo
Verso il sepolcro, onde mie angosce asconda.
Ma non verrà quel dì. Verso il sepolcro
Mi precipita l'empia oggi: del mio
Vicin sepolcro già il pensier l'allegra:

Di calpestarlo essa godrà... Seco altri,
A calpestarlo verrà forse!
FRANCESCA.
Oh cielo!
Dammi tu forza, ond'io risponda. - Io sorda
Alle voci d'onor... Se Paolo amai,
Vil non era il mio foco: Italo prence,
Cavalier prode, altro ei per me non era.
Popoli e regi lo lodavan. Tua
Sposa io non era... Ah, che favello? Giusto
È il tuo furor; dal petto mio non seppi
Scancellar mai quel primo amor! E il volli
Scancellar pur... Con quell'arcano io morta
Sarei, se Paolo or non riedea, tel giuro.
PAOLO.
Misera donna!
FRANCESCA.
A lui solo perdona;
Non al mio amante, al fratel tuo perdona.
LANCIOTTO.
Per Paolo preghi? Oh scellerata!...Uscirne
Di queste mura ambi credete? Insieme
Di riunirvi concertaste. Al padre
Di rapirti fors'anco ei ti promise.
PAOLO.
Oh vil pensier!
LANCIOTTO
Io vil? - Partirà l'empia
Sì; ma più te mai non vedrà. - Di guardie
Si circondi costui. Passo ei non muova
Fuor della reggia.
PAOLO.
Tanta ingiuria mai
Non soffrirò nel tetto mio paterno. (Vuol difendersi.)
LANCIOTTO.
Tuo signor sono. Quel ribelle brando
Cedi.
PAOLO.
(Oppresso dalle guardie.)

Fratel... tu disarmarmi... Oh come
Cangiato sei!
FRANCESCA.
Pietà!... Paolo!
PAOLO.
Francesca!
LANCIOTTO.
Donna...
GUIDO.
Vieni; sottrati al furor suo.

FINE DELL ATTO QUARTO.

Immagine tratta da:

ATTO QUINTO;

SCENA PRIMA.

(La sala è illuminata da una lampada)

FRANCESCA E GUIDO.

FRANCESCA.
Deh, lo placasti?
GUIDO.
(Venendo dalle stanze di Lanciotto.)
Egli mi vide, e sorse
Spaventato dal letto. - Oh cielo! è giunta,
Sclamò, quest'alba sciagurata. Io debbo
Perder Francesca?... Ogni consiglio or cangio:
Senza lei viver non poss'io. - Frattanto
Lagrime amare gli piovean sul volto:
E or te nomando infuriava, or pieno
D'amor ti compiangea.Fra le mie braccia
Lungamente lo tenni, e con lui piansi,
Libero freno al suo dolor lasciando.
L'acquetai poscia con soavi detti,
E il convinsi che meglio è che tu parta
Senza vederlo. Andiam.
FRANCESCA.
Padre, non fia:
S'or nol riveggio, nol vedrò più mai.
Rancore ei serba contro di me: secura
Del suo perdono esser vogl'io.
GUIDO.
Ti calma.
Perdonato egli t'ha; perdonar Paolo
Pur mi promise.
FRANCESCA.
Oh gioja! Ma, deh, in questo
Sacro momento, non nomar, ten prego,
Colui che appieno obbliar deggio... e il bramo!
Già meno forte egli nel cor mi parla:

Già mi riparla la virtù perduta,
E il pentimento e la memoria sola
Dello sposo fedel che tu mi desti,
E ch'io non seppi amar. - Parlargli chieggo
Anco una volta. Deh, non adirarti!
Questa grazia m'ottieni. I miei rimorsi
Per la passata ingratitudin tutti
Mostrar gli vo': prostrarmi a' piedi suoi:
Di non sprezzarmi scongiurarlo. Vanne:
Digli che, s'io non lo riveggio, ahi parmi
Del perdono del ciel chiusa ogni speme.
GUIDO.
A forza il vuoi? Qui il condurrò.

SCENA II.

FRANCESCA.

Per sempre
Dunque ti lascio, o Rimini diletta.
Addio, città fatale! addio, voi mura
Infelici, ma care! amata culla
Di... quei prenci... Che dico! - Eterno Iddio,
Per questa casa ultima prece io t'offro,
Bench'io sia rea, non chiuder, no, l'orecchio.
Nulla chieggo per me: per que' fratelli
Prego: tua destra onnipossente posi
Sul capo lor... Chi veggio?

SCENA III.

FRANCESCA E PAOLO.

PAOLO.

(Prorompendo forsennato con una spada alla mano.)
Oh sovrumana
Gioja! Vederla ancor m'è dato. - Ah, ferma!
Se tu fuggì, io t'inseguo.
FRANCESCA.
Audace! ahi lassa!
E come in armi?
PAOLO.
Sgombre ho le mie guardie
Coll'oro.
FRANCESCA.
Oh ciel! nuovi delitti...
PAOLO.
Io vengo
I delitti a impedir. Paga non fora
Contro me, credi, la gelosa rabbia
Del fratel mio; te immolar pensa. Orrendo
Spavento è quel ch'or qui mi tragge. - Al sonno
Chiusi dianzi le ciglia, ed oh qual truce
Visïone m'assalse! Immersa io vidi
Te nel tuo sangue moribonda: a terra
Mi gettai per soccorrerti... il mio nome
Proferivi, e spiravi! - Ahi disperato
Delirio! Invano mi svegliava, il fero
Sogno mi sta dinanzi agli occhi. Mira:
Sudor di morte da mie chiome gronda
Al rammentarlo.
FRANCESCA.
Calmati...
PAOLO.
Furente
M'alzai, corruppi i vili sgherri: un brando
Strinsi... Ahi, temea di più non rivederti!
Qui ti ritrovo: oh me felice!... Imponi:
Come del cor, del Braccio mio reina
Tu sei: morir per te desìo.
FRANCESCA.
Rientra,
Oh insano, in te. Quell'uom che oltraggi, a noi

Già perdonava. Fuggirai. Che speri?
PAOLO.
Se te col padre tuo salva non veggio
Fuor di queste pareti, abbandonarti
Non posso. Infausto, orribile presagio
Pe' giorni tuoi m'affanna. - Ah, tu non m'ami!
Tu rassegnata...
FRANCESCA.
Esserlo è d'uopo.
PAOLO.
Or dimmi:
Quando, ove mai ci rivedrem?
FRANCESCA.
Se in terra
Fine avrà... l'empio nostro amor...
PAOLO.
Non mai!...
Dunque non mai ci rivedrem! - Francesca,
Su questo cor poni la man. Talora
Tu questa mano ti porrai sul core
E de' palpiti miei ricorderatti:
Feroci sono: pochi fien!
FRANCESCA.
Oh amore!
PAOLO.
Adorata t'avrei: non fora un giorno
Passato mai ch'io non cercato avessi
Di farti ognora più e più felice...
M'avresti reso (oh incantatrice idea!)
Padre di prole a te simile: avrei
A' miei figli insegnato ad onorarti.
Dopo Dio prima, e come io t'amo amarti!
FRANCESCA.
Il solo udir questi tuoi detti è colpa.
PAOLO.
Nè mia giammai!...
FRANCESCA.
Che parli? Eternamente
Quant'io deggia al mio sposo e a' generosi

Suoi sacrifici sentirò. Solenne
Protesta or odi: - Se l'ingiusto fato
Lui seppellisse pria di me, perpetue
Conserverò le vedovili bende:
Nè coll'amarti mai, fuorchè in silenzio,
Offenderò la sua santa memoria.
PAOLO.
Mal m'intendesti: augurii empii non formo:
Viva e m'uccida il fratel mio. Ma lungi
Dall'ira sua tu pur, Francesca, ah, vivi:
Vivi, e in silenzio amami, sì!... Ne' mesti
Tuoi sogni spesso mi vedrai. Beata
Ombra dì e notte al fianco tuo starommi
Adorandoti ognor.
FRANCESCA.
Paolo...
PAOLO.
Tiranni
Gli uomini e il cielo fur con noi.
FRANCESCA.
T'acqueta.
Misera me! Non ci perdiamo... Ah, padre! (Chiamando.)
PAOLO.
Più non ha dritti alla sua prole un padre
Che a sue voglie tiranniche l'immola.
Chi de' tuoi giovanili anni sepolto
Ha il fior nel pianto? Chi questa tremenda
Febbre in te mosse onde tutta ardi? All'orlo
Chi della tomba li spingeva?... Il padre!
FRANCESCA.
Empio, che dici?... - Odo fragor.
PAOLO.
Null'uomo
Potrà strapparti da mie braccia.

SCENA IV.

GUIDO, LANCIOTTO E DETTI.

LANCIOTTO.
Oh vista!
Paolo?... Tradito da mie guardie sono...
Oh rabbia! e ad esser testimon di tanta
Infamia, o Guido, mi chiamasti? Ad arte
Ella a me ti mandò. Fuggire o farsi.
Ribelli a me volean: muojano entrambi.
(Snuda il ferro e combatte contro Paolo.)
FRANCESCA.
Oh rio sospetto!
GUIDO.
Scellerata figlia,
A maledirti mi costringi.
PAOLO
Tutti,
O Francesca, t'abborrono: me solo
Difensor hai.
FRANCESCA.
Placatevi, o fratelli:
Fra i vostri ferri io mi porrò. La rea
Son io...
LANCIOTTO.
Muori! (La trafigge.)
GUIDO.
Me misero!
LANCIOTTO.
E tu, vile,
Difenditi.
PAOLO.
(Getta a terra la spada e si lascia ferire.)
Trafiggimi.
GUIDO.
Che festi?
LANCIOTTO.
Oh ciel! qual sangue!
PAOLO.
Deh... Francesca...

FRANCESCA.
Ah, Padre!...
Padre... da te fui maledetta...
GUIDO.
Figlia,
Ti perdono!
PAOLO.
Francesca... ah!... mi perdona...
Io la cagion son di tua morte.
FRANCESCA.
Eterno...
Martir... sotterra... oimè... ci aspetta!
PAOLO.
Eterno
Fia il nostro amore...Ella è spirata... io muojo...
LANCIOTTO.
Ella è spirata. - Oh Paolo! - Ahi, questo ferro
Tu mi donasti! in me si torca.
GUIDO.
Ferma,
Già è tuo quel sangue; e basta, onde tra poco
Inorridisca al suo ritorno il sole.

FINE DELL'ATTO QUINTO ED ULTIMO.

Immagine tratta da:

BIBLIOGRAFIA ESSENZIALE

G. BERTERO, *Rassegna bibliografica di opere di Silvio Pellico (1818-1910)*, Saluzzo, Assessorato alla cultura del Comune, 1989.

M. BRIGNOLI, *Lettere inedite di Silvio Pellico in Saluzzo e Silvio Pellico nel 150. de "Le mie prigioni". Atti del Convegno di studio: Saluzzo, 30 ottobre 1983, a cura di A. Mola*, Torino, Centro di studi piemontesi, 1984

A.MARCHINI, *Ludovico Di Breme Arborio Gattinara (1780-1820) Grande letterato, poeta romantico e patriota*, Genova, KC Edizioni, 2010.

A. MOLA, *Silvio Pellico. Carbonaro, cristiano e profeta della nuova Europa*, Milano, Bompiani, 2005.

S. PELLICO, *Francesca da Rimini*, Milano, G. Pirotta, 1818.

Id., *Le mie Prigioni, a cura di S. Spellanzon*, Milano, Rizzoli, 1987.

Id., *Lettere a Giorgio Briano: aggiuntevi alcune lettere ad altri e varie poesie*, Firenze, Le Monnier, 1861.

Id., *Lettere milanesi (1815-1821), a cura di M. Scotti,* Torino, Loescher - Chiantore, 1963.

I.RINIERI, *Della vita e delle opere di Silvio Pellico : da lettere e documenti inediti,* Torino, Libreria di Renzo Streglio,1898-1899, 3 voll.